JN418856

문신, 사랑

문학의전당 · 시인선 86

문신, 사랑

ⓒ 임수경 2010

초판인쇄 2010년 2월 20일
초판발행 2010년 2월 23일

지 은 이 임수경
펴 낸 이 김충규
펴 낸 곳 문학의전당
출판등록 제387-2003-00048호(2003년 9월 8일)

주 소 121-718 서울특별시 마포구 공덕2동 404번지 풍림VIP빌딩 202호
전화번호 02-852-1977
팩시밀리 02-852-1978
블 로 그 http://blog.naver.com/mhjd2003
전자우편 mhjd2003@naver.com

I S B N 978-89-93481-50-1 03810

*이 책의 판권은 지은이와 문학의전당에 있습니다.
*양측의 서면 동의 없는 무단 전재 및 복제를 금합니다.
*잘못된 책은 바꿔드립니다.

문신, 사랑

임수경 시집

문학의전당

自序

나는 낙타다.

나는 전생을 거쳐 사람 사이를

횡단 중이다, 그리고 이것은

당신,의 기억이다.

차례

1부 오, 나의 행성이여,

2부 이것은 당신의, 기억이다

3부 이 끈질긴 생의 흡혈

4부 질기고도 질긴 고리

5부 그리고, 뜻밖의,

1부

오, 나의 행성이여,

시인탄생
–오! 어린왕자여,

입술이 닿았다 불처럼 뜨거웠으며 혜성의 궤도처럼, 불규칙한 당신의 심장박동이 나의 머리카락을 핥았다 저 어디쯤 소혹성으로 간다 했다 이름도 없는, 피뢰침이 전달하는 위험이라는 식상함 (식상하다 라는 말이 언제부터 이렇게 식상해졌는지) 냄새를 맡는다 배설해 놓은 나의, 당신의 사랑에서, 냄새가 나지 않는다 손가락 사이에서, 당신이, 내가 빠져나갔다 이 후각 같은, 변기 속 콧구멍 같은 사랑이여 (스너프 필름의 주인공인 나는 렌즈 너머의 당신을 느낀다) 당연한 결과가 가끔은 세상을 미치게 하고 연애를 닮은 당신의 미소가 밤새 살인작법을 만들게도 한다 오후, 소혹성행 비행기가 추락했던 사건, (정말 식상하다 하지만) 나는 입술을 깨물었다 이제 나의 장미꽃은 없는가, 순망치한(脣亡齒寒 –당신은 입술이고 나는 이빨이다) 세상 속 당신을 닮은 얼굴들이 바람을 타고 맴돌며 웃는다 아니 웃는 듯 흐느낀다 케세라세라

치명적인 어제

오랜 시간을 항해하다가 돌아왔다, 고
당신에게 속삭였어
굳이 오래 걸릴 필요가 없었는데
어제부터 바람의 방향이 바뀌어서
등 뒤로 흘러가 다시 담기가 힘들더군
초저녁부터 바람 끝으로 비가 내리기 시작했고
외로운 것들이 서로 부둥켜안고 우는 통에
바람은 서둘러 귀를 막았고, 길은 어리석게도 갈 길을 잃었지
난 건넜어야 했던 바다를 두고 내내 더듬거리게 되었어
내 짐을 정리해주는 당신의 손은 기억만으로도 따뜻해
굳이 오래 걸릴 필요가 없었는데
기억의 부스러기들을 허공처럼 등에 지고
돌아오는 길 위로 어제부터 장마가 시작되었어
처마 밑에서 잠시 서 있었을 뿐인데
몸 위로 거미줄이 쳐지고 길은, 멀게, 아득해지더군
거미줄에 맺혔다가 스르륵 타고 떨어지는 빗방울,
막아내는 것보다 젖는 것이 더 두려웠다면, 당신이 웃을까
너무 오래 헤맸어, 돌아누운 당신의 젖은 등으로
세상을 퍼덕이던 또 하나의 하루가 감춰지고

난 당신의 손을 끌고 밖으로 나가 비를 맞았지
보여? 그 옛날 흙으로 빚었다는 바짝 마른 몸이 쩍쩍 갈라지는 게
손바닥이, 발바닥이, 눈꺼풀 아래가
단단하게 굳어진 몸에서 삐죽이 싹이 피어오르기 시작하고 있어
당신이, 세상이 녹아 흘러내리며 바다가 되는군
바다, 그 오랜 시간을 항해하던 그 바다 말이야
그러므로, 치명적인 오늘 나는, 여전히 길게
당신의 시간을 되새김질하는 중이야

거울에 사는 여자

언제부터였을까,
거울의 여자는 다리가 없었다
몸뚱이만 둥둥 떠서
언제나 그곳에 붙박이로 서 있었다
태양이 떠오르면서 여자의 머리카락은 자라기 시작했다
손톱은 달이 떠야 비로소 야광으로 반짝였고
엄니는 두 번째 빙하기가 지나고 나서 송곳니로 변했다
코털이 콧속으로 숨어들면서 바람이 이마에 닿았고
입 안에 고이는 침을 삼킬 수 있었다
지금도 그 이유를 모르지만
어린 날에도 여자는 어린 몸이 아니었다, 고
골방에 숨어들어가 생리를 했다
대낮에도 여자는 겨드랑이로 스미는 어둠을 무서워했다
대신 속옷차림으로 동네 슈퍼를 뛰어다녔다
귀를 틀어막으면 거울 가득 여자는 증발했다, 다시 서 있다
왜 새와 동거를 하면 안 되는지
서서 사랑을 하면 안 되는지
옥상에서 한 발로 바람을 맞으면 안 되는지
질긴 풀을 뜯어 먹으면 안 되는지
아무도 가르쳐 준 적이 없지만

스스로 혈관 곳곳에 문신을 새기며 진화는 계속되었다
시간 속에 풍화된 다리의 흔적을 찾아 세상을 집요하게 훑던
여자, 이제 벽에서 기어내려 와 내 발에 거꾸로 매달린다
오, 나의 그림자여,
절대로 나는 나를 사랑하지 않는다

행성인연설

(3번 요추와 4번 요추 사이에서 돌고 있는) 행성은, (그의 궤도를 1분에 마이크로 3씩 우측으로 움직이고), 또 행성을 향해 (서 있을 때, 혹은 변을 보고 있을 때 유달리 여러 번 흔들어 대며) 행성 속으로 (가끔 꽉 조여 맨 머리카락 사이로 섬뜩하리만큼 한) 행성의 (바람이 부는 방향을 몰라 낮과 밤을 더듬거리고 서 있듯), 그러자 행성이, (두 팔을 모두 들어 혼자서 타들어가는 것을 막는 시늉을 하며), 그리고 행성과 행성이 (너무 늦게 찾아온 것은 아닌지 수줍게 몸을 비틀고), 그래서 행성도 (우회하는 것을 잠시 뇌리에서 지우고 다가갔다, 다시 주춤거리는), 그리고 행성은 (잠시 머문 것처럼 몸속 어딘가에 알들을 흩뿌리다가), 마침내 행성, 그 (광활한 우주를 등지고 지상 위로 자유낙하를 하는 몸짓으로) 행성과 함께 (노을이 바다 위로 사라지면 다시 떠오를 것을 믿듯) 그렇게 기다리는 행성은 (다시 스치는 잠시 바다 위로 떠올라 사라지고) 지상 위의 행성까지 (찬도시 위로 잠시 반짝이는 한밤의 짧은 전설로 묻혀지면서) 행성과 행성이 (그렇게 하루를 지냈다는 걸 사랑이라, 아니 스친 꿈이라 말했었던가) 이제 그 행성은 (언젠가는 한 번은 본 듯한 얼굴을 하고 짧은 인사, 그리고 지나치며), 더는 움직이지 않는 행성과 빛 내지 않는 행성 (지상에서의 하룻밤을 닮은), 그리고 행성과 (사랑하는 그대가 잠든 옆자리)

夢

마시는 안개, 가끔 입 안에서 미련 같은 껄끄러운 모래알, 어느 가슴에 머물렀을 서걱거리는 바람 한 조각, 손만 뻗으면 곧 잡히는, 단지 발바닥이 꼬물거리며 가려운 정도, 우주처럼 허망한 바람으로 당신은 늘 폐지처럼 비를 뿌리고, 어느 것으로도 닦아지지 않는, (굳이 안개는 걷힐 거라는 자연적 현상에 대해 설명하진 않겠다), 구겨져 더러워진 몸짓으로, 바다 닮은 먼 생의 끝까지 몰아붙이지만, 바싹 말라 다시금 버석거리는 사랑이란, 하늘의 별을 생의 지표로 잡곤 하는데, (중복되지만, 밤하늘의 일등성의 모습을 한 이등성은 폴라리스polaris 외에도 많다는 천문학적 지식을 얘기하진 않겠다), 짙은 안개를 핑계로 길을 잃을 때마다, 발끝으로 스치는 바람내, 익숙해서 무심하게 지나친 게 죄라면, 허망하게 스쳐가버린 사랑이 그 대가라면, 부디 가여이 여겨 미쳐 끝나지 않은 인연의 끈을 움켜쥐어 준다면, (허, 일겁이 얼마의 시간을 의미하는지 수학적 풀이 따위로 당신을 밤새 안고 뒹구는 꿈을 설명할 수 있을까), 꿈 안에 떠도는 늙은 구름, 그 기억도 단지 이만큼만 같아서, 약간만 저리고 약간만 절뚝이기만 하다면, 그리고 우주적 찰나刹那도 잠시 뿐임을, 버려도 버리지 못함이 죄라 그 웃음이 하, 서글픈 꿈같아서, 손만 뻗으면 잡히게 될까, 영원히 떠도는 바람 속 부디 깨지 않을,

불면증
—따뜻한 연애

흡,
잠깐 지구상의 모든 중력을 내리누른다
입을 다물어 숨을 삼키면
은밀한 부분에서 근질거리는 열병이
온몸의 숨구멍으로 모두 배출되기 시작한다
밤새 뒤척이던 악몽 같은 연애
혼자 베갯잇을 적시며 울어대다가 사라져버린
지독하게 선명한 새벽녘 꿈이다
그대, 내 기억 중층 하단에서 두 번째
단면 화석으로 남아, 다시는
살이 붙고 립스틱을 바르며 중저음의 향을 내지 못할 것이다
두 다리를 꼬고 두 팔을 위로 올려
가볍고 묵중하게 눌러 뼈만 앙상하게 발라내
벽장 깊숙이 걸어놓은 화석으로,
그대는 오롯이 나의 연애로 남는다 그리고
몽유夢遊의 남은 자국은 검은 비닐봉지로 두면 된다
흡,
지구의 중력을 따라 나는 그대의 사거리에 도착한다
꿈을 잊는 일 따위는 아무렇지도 않다
문신도 흔적 없이 지울 수 있는 세상

지우지 않아도 보지 않으면 없는 거다
이 사거리에서 사라진 그대를 그 누구도 기억하지 못할 것이다
밤, 끝없이 이어지는 자위 속에서
되태어났다 죽어버리는 그대,
사랑한다

황사프리즘

고비사막에서 시작되다
부옇게 부유하는 육각형 모래 입자 사이로
당신, 육면체 십이면체 혹은 형태 없는 기호로 반짝인다
난, 혹시나 반짝이는 당신을 살짝이라도 스치지 않을까
어깻죽지가 가려운 늙은이마냥 팔을 휘휘 젓는다
미열처럼 지속되는 황사 속에서
당신의 분열이 멈추지 않고
내 시야가 머무는 도처에서 손을 들어 인사한다
슬픈 기억이란
아무도 바라보지 않는 사막 지평선으로 번지는 노을 같은 것
황홀하게 아득하다가 밤의 한기로 몸을 움츠리게 한다
오아시스 표면에서 서성이는 장력 같은 기억이
서걱대는 당신을 안고 황사와 함께 멀리고
실눈 뜨고 바라본 노을 그 너머로
진공의 기억에서 뿌려져 흩어지지 못한 뼛가루가
뿌옇게 부유한다 손으로 입을 막고 눈을 감아도
그 슬픈 기억으로 다시 시작되는 오늘, 황사주의

食貪

개불을 먹어본 적 있어, 너는 물었고 그것으로 내가 너를 사랑할 이유는 없었다. 더듬어보면 이 짧은 시간도 한낮 꿈틀거리는, 한 조각에 불과한 것, 굳이 아플 이유도 못 잊을 이유도 없었다. 다만, 개불을 먹어본 적이 없다는 거, 그것만이 아니라도 가끔은 사랑할 이유도 모른 채 멀리서 바라볼 수 있었으면 했다. 그렁그렁 고인 눈물도 핥아주고, 길 잃고 헤맬 때마다 부디 쓸쓸해하지 말라고, 등을 쓸어 내렸으면 했다. 늦게 왔다는 짧은 원망도 잠시 접어주는 너를 그리워하다 지쳐갈 내 모습에 아파하지 않았으면 했다. 어항 안의 붉은 개불, 웅크리고 가끔 고개를 드는 것처럼, 그렇게 간혹 바라볼 수 있었으면 했다. 심호흡 한 번에 만족하는 삶이 내 모양 같아서, 물컹거리고 꼬들거릴 껍질이 내 살점 같아서, 그래도 개불을 보면 사랑을 해야 할 것 같은 의무를 느꼈다. 넌 개불을 좋아했고, 난 그 개불을 볼 때마다 시린 가슴 가득 기나긴 겨울이 되돌아오곤 했다.

거울에 사는 여자 2

-거울아, 세상에서 누가 제일 예쁘니?

눈을 감아 봐
빗살무늬 섬광들을 지나
그 끝 황금 손잡이를 앞으로 밀면
높은음자리 평원에서 어린 네가
작은 머리에 리본을 묶고 원피스를 입고 뛰어다니고,
오래된 뜰이자 정원이었던 한쪽엔
네 어머니가 장승처럼 널 향해 서 있어
쉿!
숨을 고르고 들어 봐
사원에서 막 출발한 말들이
詩 같은 주문을 섞어
독을 숨긴 사과가 되어
작은 네 두 손에 들려 있지
정원의 꽃들은 일제히
고개를 숙이고 외면하고
넌 조용히, 무표정하게 서 있는 어머니를 바라보지
하늘에는 별이 있고, 바람이 있고, 정원에는 네가, 어머니가 있고,

그래, 독을 가득 품은 네 사과 같은 詩가 흐르고 있어
쉿! 생각은 금물이야
사과를 한 입 베어 무는 순간, 넌 詩人이 되는 거야
머뭇거리는 네 머리카락을 손가락 사이로 흘려보내는
어머니, 그래 네 어머니는 여전히
장승처럼, 거기, 그곳에, 그렇다고
손을 내밀면 닿을 수 없는 그곳에 서 있어
손을 들어 햇살을 가릴 수 있는 지상과
어둠으로 기억을 지울 수 있는 그곳
아픈가
입을 크게 벌려 뜨거운 주문을 삼켜 봐
한 번은 건너뛰어야 할 작은 징검다리 같은 거야
머리카락까지 활활 타오르는 불길
세상의 하늘과 땅이 뒤바뀌고
너와 어머니의 몸이 뒤바뀌지
자, 이제 네 몸에 비춰 봐. 그럼 내가 말해주지

–이 세상에서 누가 제일 예쁘냐고? 왜 이래 정말 아마추어 같이,

연애, city 4

(어느 골목이든 길의 초입에는 늘 있는,)
넝쿨장미와 라일락꽃이 화사하게 핀
파란색 대문의 집
(그리고 자신의 행성을 이제 막 빠져나온)
수줍게 웃는 여인의,
화사하고 탱탱한 백도白桃 같은 젖무덤 사이
(절대 열릴 것 같지 않은)
문을 가볍게 열고 들어가는
, 길 ;
간혹 꽃도 피고, 새도 날고
좋은 냄새를 가진 바람도 온몸을 휘감고
비가 내리다가 태양이 비추곤 하는

사내, (길 밖으로 잠시 나와 서성이는)
낮아진 천장과 눅눅해진 지하 같은
파란색 대문의 집
시들해진 늦가을 포도송이 같은 여인의 살
삐죽이 열려져 있는 작은 문으로
미련처럼 다리를 질질 끌며 다시 들어가는
, 길 ;

파헤쳐 듬성듬성 웅덩이에 고인 물
시큼한 냄새 나는, 혹은 품고 있는
건들지 않으면 아프지 않다고
모르는 척 이곳저곳을 헤집고 다닌다

간혹 꽃이 피고, 새가 날고, 바람이 분다
늦게 깬 매미가 맞은 겨울의 첫서리
이, 돌이킬 수 없는 기억
움찔 놀라는 사내,
최대한 크게 발걸음을 하고 그 길을 빠져나온다
늙은 나무 등걸 같은 젖무덤을 서둘러 감추는 여인을 등지고
지상으로 연결된 계단으로 오르다가
꽃잎이 다 떨어져 버린 텅 빈 정원처럼
어둡고 눅눅한 여인의 눈빛을 향해
사내는 카메라 렌즈의 뚜껑을 닫는다

멸종

방 안에서 비가 오다 말다 개다
우산을 접다가 간혹 손가락이 집힌다
비가 개다 말다 하수구가 넘쳐 물이 차오른다
찔끔, 손끝에서 피가 난다
세상에 이유 없는 눈물은 없다
; 그러나 이유 없는 멸종은 있다

태초에 말씀이, 인간이, 어둠이, 비가 내리는 방이, 그리고
있었다, 젖은 청바지를 한 슬픈 그림자
벽마다 하늘을 닮은 누런 물곰팡이가 있었다
밤새 스멀스멀 피어오른 지리한 슬픔의 끝자락
기억마저 가물한 당신마냥 뿌옇게 차지한 틈새
이제 막,
나, 멸종되다

액자와 벽 사이 장판과 베개 사이
벽을 닮고도 벽이 되지 못한 틈 사이로
끝없이 비가 내리고, 젖은 채 우산은 고장났다
아무도 없는 방 안에서
살짝 숨을 멈추며 손가락을 들어

물을 찍어 이름을 쓰는 맹목적인 사랑 정도
; 기억도 길면 지루하다

앞으로 정확히 육십사 년 이십이 시간 십칠 초 후
이 지구를 잠식해버릴 물곰팡이
훅, 집요하지만 치명적인 습기가
세상을 덮고 나를 벽으로 만들 것이다
태양이 사라진 후에도 빛이 얼쩡거리는 것처럼
존재는 없지만 기억은 점점 더 길어질 것이다
또는 내 몸으로 피어오르는 누런 물곰팡이로
비가 오다 말다 다시, 개다

나의, 별 헤는 밤

아프니? 물을 때마다 등 뒤로 별이 지고 세상의 빛이 꺼졌다 켜진다, 눈을 깜박일 때마다, 자꾸 슬퍼져요, 밤만 되면 당연히 떠오를 것들에 대해, 하얗게 으스러지는 그림자에 대해, 아무 말도 준비한 게 없어요, 라는 동안 또 별이 진다. 이 지상 위에서는 말도 안 되는 일이라고, 잠시, 생각한다. 나이가 많아질수록 사랑이 깊어지다니, 말도 안 된다, 돌아오지 않는다니. 네가 던진 돌이 단단한 별처럼 눈에 파묻힌다.

(그래서) 아프니? 되묻는다. 별은 자꾸만 슬픈 반호를 그리며 지상 너머에 쌓이고, 홀로 하늘을 등지고 서있는 너를, 바라본다, 기억의 슬픈 그림자 때문에, 형체도 없이 온통 휘젓고 다니는 그것들 때문에, 그리고 이 어쩔 수 없는 잦은 추락 때문에, 어깨가 흔들린다.

(많이) 아프니? 다시 한번 더 되묻는다. 흔들리는 검은 그림자 밑으로 이명(;몸 전체의 구멍이 귀로 변해 울리고 또 울리는), 온몸으로 울다 지쳐 돌아가는 빛과 어둠의 질기고도 질진 고리에 항의하듯 얼굴이 굳어진다, 돌이 떨어진 상처 위로, 별이, 단단하고 착실히 쌓여간다.

(그래) 아프구나, 울려 되돌아오는 하늘, 이곳을 떠나는 기차는 싣고 너를, 너를, 가기도, 싣고 오기도 한다, 함박눈송이처럼 별이 지든 말든, 발이 미끄러워 넘어지는 건 여전히 기다리는 사람의 몫이었다

비만, 비상

차창 밖으로 고개를 내미는 건
버릴 수 없는, 더러운 습관이다
경계란 절망이다
시멘트 길 위에는 전날 내린 빗물이 남아 있어
저것, 역시
, 물의 그, 습관인가
하늘은 우주를 닮았다
그 우주 속에서 첨벙거리는 올챙이는
앞다리, 뒷다리가 쏙 나와
허술해진 세상을 틈타 비상을 꿈꾼다
우주에는 어항이 있고
하늘을 닮은 어항물이 있고
날개를 닮은 물갈퀴가 있고
비상을 꿈꾸다 턱 깨진 내가 있다
날아오르기엔 버거운 몸무게로 클클거리는
오늘밤은 거짓말처럼 깊다

2부 · · · 이것은 당신의, 기억이다

정전

어둠이 동공 속에 남아,

잔류지, 빛을 본 순간 눈을 감았을 거야. 비로소 찰나의 실체는 잔상으로 남아 뇌리에 빛처럼 인식되는 것이지, 바람 없는 호수 표면의 파문과 같은 거야, 잔잔함 위로 물방개 다리의 당신은 한 발씩 내딛고, 그 무심한 발짓이 그림자로 남아 호수는 끝도 없이 흔들리는 것이지. 늘 그래. 눈을 감은 다음, 시간이 지난 다음, 그 실체가 동공 속에 남아 끊임없이 뒷목을 긁고 털을 곤두세우는 소름 정도,

그보다 사실, 더 위험한 것은 뇌리에 남은 그 잔상은 실체보다 훨씬 밝고, 깊게 기억된다는 거야. 날카롭게 할퀴는 기억, 호수로 살면서 물방개의 다리 따위는, 그 동그란 표면의 기억 따위는, 결코 도움이 되질 않아. 기억의 잔상 따위야,

어둠, 이제 영원히 내 동공 속에 남을,

벽에 갇히다
—불면증 2

밤새운 가장 외로운 밤에 대하여

벽에 걸린 빈센트 반 고흐의 잘린 귀가 달이 되는 밤
누군가 혹은 내가
벽과 벽 사이로 기어들어가
미처 마르지 않는 남십자성 벽지를 뜯어내어
누군가에게 혹은 그대에게 가는 길을 더듬는다
기억은 밤하늘처럼 어둡고 축축하다
별의 길을 따라 무작정 남으로 걷다가
문득, 길을 잃었어, 라는
중얼거리는 편지를 보낸다
혜성처럼 길고 깊게 울었을 그대는
수천 년 전에 빛을 냈을 법한 가물거리는 모습으로
벽지 속을 헤매고 있는, 누군가에게 혹은 나에게,
길을 알려주려 몸을 비틀다가 사라진다
지상에서도 없는 길을
하늘에서 찾고자 하는 집착도
반 고흐의 멈추지 못한 광기까지도
사랑, 이었다고
잃은 길에서 낮게 속삭인다

남은 한쪽 귀로 들리는
웅웅 울어대는 별들의 아우성, 그 사이로
벽에서 툭, 떨어졌다가 다시 떠오르는
그대가 남기고 간 차고 메마른 밤

낙타의 성

인도 북서부 사막 라자스탄
붉은 사암으로 만들어진 아메르성
이제 막 풍화되기 시작한 성벽의 낙타
그 입속에서 지루하게 우물거리는
모래바람이다 뱉지도 삼키지도 못하고
내내 흐르는 유사流沙, 발을 디디는 순간
피리소리는 달팽이관을 따라 흐르고
몸을 흔들며 바구니 밖으로 뛰쳐나가고 싶은
코브라의 퇴화된 다섯 개의 발톱이다
사랑으로 견고했던 기억이 바람으로 낡아간다
손 안에 쥔 욕망의 칼끝을 세워도 존재의 허기는 채워지지 않는다
끝없이 들고드는 허공을 부유하며
세상이 제 울음을 잃고 있다
다만 당신, 조용히 아무도 모르게
나의 성을 발소리 죽여 걸으며
마음이 한 평 정도 넓어졌으면 좋겠다
시간을 잉태한 거대한 자궁을 가진 기억이여,
너무 커버려 나의 성을 잠식당하기 전에
당신의 머리를 세차게 두드린다

허물어지는 성 문 안쪽에서 고개를 쳐드는 낙타 등을 타고
지독한 두통이 엄습한다, 고로 난 기억한다
한 평짜리 기억의 끝없는 깊이를,

사막홍수

공중에서 말라붙은 채로 쏟아진다
이번 바다행은 쉽지 않을 거라고
사막은 한강 다리를 침수시키며 흐른다
그래, 바다로 가는 길, 따위야
고대 피라미드를 몰고
하류로 가버린 당신을 만날 수만 있다면야,
훅, 천 년은 족히 고여 있었을 당신 냄새가 난다
냄새는 아득한 기억을 환기시키지
온몸 촉수마다 고름이 터져 뿌연 진액을 뿜어대는,
잠시 더듬거리는 세상을 틈타
한강을 넘어 사방으로 빠르게 퍼져나간다
전염되면 그 누구도 이 세상을 빠져나갈 수 없다
기억이 많은 평원일수록 많은 화석을 품지
어디 길고 지루한 강줄기가 멈춰선 그곳에
당신이 납작하게 깔린 채로 굳어져 있다면,
당신과 피라미드 사이, 그 냄새,
그 틈새로 퇴적되고 싶은 건 내 꿈이고,
그 꿈으로 당신이 용수처럼 스며들길 바란다
우산으로 얼굴을 가리고도 숨길 수 없는 당신 냄새를 따라
전설처럼 당신에게로 걸어들어간다

온몸이 버석거리는 기억을 움켜쥐고 있는 사막호수,
당신, 그곳에 있는 건 맞지?

어둠, 혹은 거머리

분명히
저 속에
놈이 있다

더 이상 어두워질 것은 두렵지 않다
그 끈적이는 시간에 대해
거추장스런 불멸의 연애에 대해
또는 궤도를 이탈해버린 지난 계절에 대해
다만, 수런거리는 모든 것에 예민해진다

눈앞에 머무른 잔광을 모아
날카롭게 갈아 저 끝
구석구석을 쑤시다 보면
그래, 운이 좋으면
놈의 옆구리 혹은 심장을 건드릴 수 있다
손끝에 뭉툭한 것이 걸리면
눈을 감고도 툭 떨어져 주위를 맴도는 놈이 스친 것이다
어둠 속에서도 놈은 빠르고 집요하다

주의 : 주춤한 사이

놈은 연민을 뒤집어 쓴 채 더 깊숙이 자리하고 눕는다
(기억 자체가 독이 되어, 나를 침수시킨다)
어둠에서 체이는 돌멩이
무심하게 발끝이 찡하다
이 변비 같은 첫사랑
늘 묵직하고 한켠이 먹통같이 검고 아득한 구멍으로
심장이 찔린 놈이 한쪽 다리를 질질 끌고 들어와
혈관 곳곳을 따라 돌아다니며
내 남은 잔광을 흡혈 중이다

어둠, 끝없는 어둠 저 속에
분명히 놈이, 있다

사방연속무늬
—불면증 3

1.
누워서 바라보는 천장
사방연속무늬를 쫓다보면
울컥, 토기가 치밀어 오릅니다

2.
길은
잃기가 쉽습니다
걷다가도, 가끔
벽을 손으로 훑으면서도 가끔,
자리를 찾지 못하고 헤맬 때가 있습니다
거미가 줄에서 길을 잃고 떨어지는 당혹감
사실 그 얽힌 길에서 당신을 만나기란, 쯧,

그리곤 벽을 손으로 훑다가
길을 찾을 때가 있습니다, 그러나
올 때까지 와버린 길
당신을 만나지 못한 길은 길이 아닙니다
종점인 기차역에서

약속을 지키지 못한 미안한 마음에
역내는 토하듯 한 사내의 울음으로 가득 차오릅니다
후회는 언제해도 늦습니다

난, 여전히 잃은 길 위에 서 있습니다
깊고 저리게 밀려드는 허기로
밤은 또다시 새벽으로 이어지겠지요
여기는 또 어디입니까
길을 따라가다 엉켜버린 지금
바로 거기에서 불치의 불면은 다시 시작됩니다

어머니는 외출 中

적당히 식은 김치전을 쭉 찢어 입안에 넣고 오물거리다보면 참았던 한숨이 새어나옵니다 악어의 등껍질 같은 세상의 하루를 퍼덕이다가 문득, 너무 길게 헤맨다, 고, 알아차릴 즈음, 그때마다 한숨보다 먼저 비가 내려주어 다행입니다 (어머니는 저 비를 맞고 고개를 넘어 오고 계시겠지)

오늘 저녁에는 쥐약을 놓아선 안 됩니다 그들도 비를 맞을 자격이 있으니까요 내일 동인 출판기념회에서 지나치게 많이 마셔야 할 술로 속앓이를 하며 방 안을 뒹굴다가 어머니가 두고 나가신 쥐약을 집어들고 힘껏 털어먹었지요 詩란 쥐약을 씹어 삼켜도 토해내기 힘든 것이었습니다 등짝을 불이 나도록 맞을 테지만, 그래도 세상에는 비가 오지 않습니까? (어머니, 혹시 호랑이는 만나셨습니까?)

자궁길을 따라 나온 세상의 모든 길에선 비가 내립니다 그렇기에 툭, 하고 떨어져버린 하늘을 따라 걷다보면 현기증이 나기 십상입니다 우주가 그렇듯, 어머니가 그렇듯, 자세히 보면 젖은 길 틈새에는 싹이 돋고 있습니다 가끔은 발을 건너 디딜 때 길 밑에 묻혀있던 지상의 비가 울컥거립니다 그때마다 발이 젖었지만, 생의 밑바닥에는 늘 어머니가 있음이 다행입니다 (사랑합니다 어머니)

저 앞 공터에 있는, 흠뻑 젖은 모래를 몇 삽 퍼와서 어머니가 좋아하시는 무국과 시래기무침을 만들어드리고 싶은 -오후-
(호랑이가 떡 달라면 줘버리고 오세요. 배가 고프네요, 어머니.)

냉장고 문을 열면
―거식증 2

먹다 남긴 포도주스 반병
뚜껑을 열고 뒤집어 털어먹다
남김없이 배설한다 위로, 아래로
위에 남아있는,
장에 남아있는,
더는 혈관 곳곳에 숨어 기생하고 있는,

앞 동 아파트 꼭대기에서부터 투신하여
유리창에 떨어져 부서지는 햇살의 비명소리
문 앞까지 들어닥치는 이른 시각
창백한 여자가, 네가, 사진이 굴러다닌다
불현듯 안타까움
눌러, 두 다리는 가늘고 길게
꺾여 앞으로 쓰러진다
날카로운 빛의 파편 위로 몸을 눕힌다, 그 여자가
뒤척인다 흔들리는 머릿속에, 네가
둥근 궤도를 그리다 웃는다, 사진이
울려 묻히는 얼룩기억, 짧은 입맞춤도
목구멍 저 안으로 쏟아 들어가
혈관 곳곳을 타고 손끝까지 저리게 한다

아프다 다시금 배설되는 어제와
창으로 투명하게 비치는 그 여자와
사진 속에서 늘 웃고 있는 네가,
내 등줄기를 내리누르며 떠나가고 있다

당신의 길

중부고속도로는 시멘트길이다

시멘트길은 말이 많다
당신이 있든 없든,
그 위를 달리다보면 귓속에서 길을 잃고 만다
소음이 많은 세상은 건조하다
젖어들 틈이 없다
벚꽃처럼 우수수 웃다가 숨 쉴 틈 없이 중얼거리는,
주파수가 맞지 않아 좀처럼 알아들을 수 없는,
당신은 오래된 라디오였다
정신없고 분주했던 당신을 주어다 오물거리면
혀와 천장 사이에 진득하게 엉켜버려
세상의 모든 길은 중부고속도로가 된다
빠르고, 건조하고, 끊임없이 시끄럽다
아득한 떨림, 당신의 성급한 생의 속도는
지독히도 건조했다
당신과 함께 쉬어가던 오아시스를 가로질러
멀리로 떠나간 당신을 뒤따라간다
톨게이트를 마주한 길 위에서
시멘트길 사이사이에 숨어 남겨진

당신의 목소리를 주워 담는다
지독하게 끈적이는 카라멜, 같은 오아시스를, 다시, 기억하고자,
쩍쩍 달라붙었다가 기어코 늦게 도착하고 마는

거식증

어제,
낮달처럼 머물다 밤새
일식 당해버린 사랑이,
졌다

밤새 다시 700g이 불었다
물 한 모금 마시지 않았는데
전체 사랑의 1/3이 몸의 구멍구멍으로 흘러나온다
아직 핏줄 속 스멀스멀 기어다니는
불어터져 버린 내장의 끈끈한 액체는
사방으로 자가 증식하며 빠르게 영역을 넓히고 있다
그보다 더 빠르게 정맥에 바늘을
찔러 쑥 잡아 뽑아낸다
상해버린 기억 안에 유유히 유영하는 너,
한 번씩 번갈아 움직이는 좌우 심장마다,
해골과 뇌 사이 뇌수가 출렁대는 틈새마다,
손이 닿지 않는 곳이면 어김없이 채워져
차곡차곡 쌓이는데.
이 토할 수도 삼킬 수도 없는
식도로 넘어가는 모든 사랑을 혐오한다

버스 142번, 종점

늦은 오후 버스는 졸음과 허기로 비틀거린다
봄의 취기醉氣에서 간신히 정신이 들 때면
쉬러온 차와 나갈 차가 엉켜
꽃이 그려진 생수를 주고 받는다
시작과 끝은 한 곳을 향해 있다
그 중심에, 내가 서 있다
잠시의 울렁거림과 황홀감
당신이 나를 떠난 것이 곧 사랑이라는 말과 같다
기사 대기실 옆
나른함에 지친 플라타너스 한 그루
옷 벗고 뿌리째 쓰러져 낮잠을 잔다
악어의 등껍질 같은 겨우내 노루잠 속에서도,
온몸에 가시를 세우고 떠난 당신을 기다리고 있다
여린 고추를 내놓고 오줌을 누는 사내아이
골고루 적셔주는 단비처럼 뜨끈한 김으로 피어오르고
당신은 미끈한 이끼가 되어 열린 뒷문으로 조용히 빠져나간다
삐―
내리고 타야 할 차가 봄꽃처럼 골고루 퍼져
잠으로 파고든다

식인물고기
—불면증 4

(매일 밤 살인을 한다)
가슴 깊숙이 찔러 넣은 과도를 꺼내어 톡 칼집을 내고 사과 언저리에 붙은 애벌레를 제거하는 일부터 진행된다 정확히 여덟 등분의 세상을 치아 사이로 밀어 넣고 과즙 가득 씹으며 그 혈액을 받아먹는 그대, 손가락이 무척 길고 핏줄을 비추며 윤을 내는 피부를 잠시 기억하다 삼켜버린다 가슴에선 지난 사랑이 붉게 흘러내려 발밑으로 번지는,

(매일 밤 열정적인 사랑을 나눈다)
여름에 물을 함뿍 품고 피어올랐던 은행잎들이 빛을 저 너머로 보내버리고 진다 옷을 던져버리고 머리를 풀어헤치고 발밑으로 뒹구는 폼이 흡사 그때와 같다고 잠시 기억하다가 바람과 함께 보내버린다. 겨울이 오기 전에 탈출하고픈 나의 어항에게 부디 그대를 지켜 달라는, 열정적인 사랑을 위하여 매일 밤 찾아오리라는 말과 함께, 얼음이 얼기 전,

(매일 밤 뜬눈이다)
눈을 감으면 볼 수 없는 그대 – 액자를 품은 어항 속의 얼음은 깨어질 줄 모르고 – 그대의 입술을 그리며 감기지 않는 눈꺼풀을 잡아 내리고, 나는,

위층에는 낡은 배수관이 있었다

1. 또,
물이 흘러내린다
머리 위에서 발끝까지 적시고
방이 바다가 된다
그 바다를 둥둥 행해하는 시간
사건은 일어났다

2. 말하자면,
우리 집엔 방이 두 개 있다
한 개는 매일 잠을 자고
다른 한 개는 매 시각마다 물을 밖으로 퍼내는 일을 한다
참으로 외롭고 긴 겨울이었다

춘설春雪이 창문 틈에 끼여 오도 가도 못할 때
위층 배수관은 창틀을 깨고 떨어져
눈밭을 뒹굴었다
그 시각, 내 두 번째 방은 먼지 묻은 손을 씻고
조용히 방문을 걸어 잠그고 들어가
이불을 뒤집어쓰고 누웠다

위층 배수관 주인은 우리 집을 발로 차면서 통곡을 하다가
나에게 돈 오만 원을 받아가며 콧노래를 흥얼댔다

이젠 물이 흐르지 않는다
물이 흐르지 않으니 물을 밖으로 퍼내는 일을 할 필요도 없다
그렇게 거미줄과 먼지에 쌓여가는
우리 집 방 두 개는, 매일 밤마다 서로를 바라보며 침묵한다

3. 왜냐면,
자정이 되자
고양이의 비명소리
밥그릇과 물그릇이
낡은 배수관을 타고 흘러들어온다
갑자기 우리 집이 복잡하다
잠자던 방이 바지를 치켜 입고 뛰어 다닌다
온갖 소리들로 빽빽하다

창밖 날아다니는
갓난아이의 울음소리, 를 닮은
도둑고양이가 칭얼대며 부러진 팔로 힘겹게 담을 오르고 있다
그 담 안에 그것의 어린 생명이 있나 보다
배수관이 소리들로 흔들린다

잠자던 방이
배수관을 끼고 있는 방에게
흠씬 발길질을 하다 다시 잠자리에 든다

머리를 움켜쥐고 있는 방
벽에 빌붙어 살던 벽지들이
통곡한다

그날 저녁, 배수관이 살해당했다

4. 사실은,
늘 소리가 벽을 타고 방을 가득 채운다

소리를 듣는다는 건
다른 생生을 엿듣는 것처럼 손발이 오그라든다
비 오는 날, 물과 함께 쓸려오는
이 자장면 인생, 같은 사이비 시간에서도
아, 문득문득 방이 따뜻하게 달아오른다
숨 막히는 배수관을 조용히 뜯어내어
창밖으로 밀어버린다
따뜻한 웃음, 따뜻한 손짓
당신은 나의 구원자이다

3부

이 끈질긴 생의 흡혈

멍, 첫사랑

검고 깊숙이
강렬하지만 지긋이

검은 잉크 한 방울, 찍어
한 방울의 피와 다시 한 방울의 문신
순간

생명을 가득 뱃속에 넣고
남의 혈액을 무작위로 채혈하는,
모스키토 암컷들의 지겨운 본능
앞발 끝 갈고리 모양을 한,

들어갈 땐 황홀하지,

손가락으로 긁어대는 가려움
긁을수록 더 깊이 덧나는
지울 수 없는,
이 끈질긴 생의 흡혈

초록물고기의 비밀을 알려줄까

사랑해?
그건 우스워

바람소리에 놀라 깨어버린 봄밤의 추억처럼 꽃이 피고, 꽃이 피면 흘려보내야 할 꽃가루에 운명을 맡긴 꽃의 이름을 아니? 그래 어쩌면 네가 꿈꾸는 백조의 날개일지 몰라 그 날개에 몸을 실은, 가까스로 성공한 처녀비행같이 뇌리가 각인되는, 그 문신처럼 가늘고 깊고 오래도록 남는,

문신 ; 문신 같은 사랑 사랑 같은 문신
(넌 빛을 통과하지)

빛이란 무색을 유색으로 만들고 눈을 현란시키지
노랗게 물들인 머리카락은 아름답지만 쉬이 끊어져 버리고
몸속까지 밝히는 빛의 영혼이랄까
(그 모든 빛은 바람과 함께 움직여) 그 발바닥이라도 핥으려 하면
몸 구석구석까지 색으로 이름을 붙여주고 다시
추억과 바람과 백조의 날개 사이를 유형하다 사라지지

물고기, 그래 물 안에 있는 그 물고기
흑백이었다가
널 사랑했다가
결국 바람의 색을 닮아버린 그 물고기
바람이 잠시 스친 그 물고기, 너, 초록 물고기

윤슬*

당신이 밟고 간 이 길이 반짝이는 이유는
이 길 아래로 하늘을 닮은 무수한 강이 흐르기 때문이다
강은 길을 타고 하늘로 흐르고,
태양은 강을 쫓아 길 아래로 스며든다
당신, 그 태양을 사랑했던가
붉은 길을 걷는 자에게 반짝이는 강은 강한 유혹이다
숨찬 석양이 지상에 뿌려놓은 빛을 천천히 모으는 시간
당신의 길을 따라 걷다보면
식어버린 황로 아래 고양이처럼 나른하고 조용히 숨을 고르게 된다
태곳적부터 바라보고 있었을 미소를 지으며
손을 내미는, 그 게으른 오후의 강
태양이 걸어 들어가고,
당신이 걸어 들어가고,
언젠가는 내가 걸어 들어가게 될,
그러나 오늘은
길 위 무중력의 무위로
한순간 폭삭 꺼져도 아깝지 않은
그런 연애를 꿈꾸리라
노린 부채질로 모래를 한 삽 크게 푸고

당신이 밟고 간 진달래꽃을 주워 담으며
어여쁘게 화전을 부쳐내는 따뜻한 저녁
강을 노 젓는 사공의 등 뒤로
바람이 일었다 쉬 잠드는
길 위, 바다가 된 당신이 흐른다

*윤슬 : 햇볕이나 달빛에 비치어 반짝이는 잔물결이다, 나의 스승 임선묵 선생님의 바다는 내가 걷는 세상의 모든 길 아래로 흐르므로, 나의 길은 그분의 윤슬로 가득 차 있다.

석양 in 선운사

온몸에 있는 뼈마디마다 동백꽃이 진다
뚝뚝 관절 꺾듯 뚝뚝
당신이 눈물을 흘린다
뚝뚝 꽃봉우리째 지듯 후두둑

태양이 토해놓은 각혈의 바다
그 선명한 파멸의 빛 위로
유유히 혹은 가까스로
하얀 파도는 마른 육지에 닿는다
닿는 순간 사라지는 꿈처럼
삽시간 바다는 어둠으로 잠식된다
존재의 무심한 시간 사이로
절망처럼 기차는 간이역을 지나친다
–당신은 여전히 그곳에 서 있다
일방통행에 묶여 생은 유턴을 모른다
혹여 뒷걸음치다 만난 바다는
길 끝을 알리는 결정적인 신호이다

버리다 지쳐 담지 못하는 안타까운 자기애
역에 서 있는 당신의 얼굴엔 태양이 없다

돌아오지 않는다면 내 것이 아니라고
꼬리를 놓고 빠르게 달아나는 도마뱀처럼 자취를 감추는
당신이 눈물을 흘린다
뚝뚝 선운사 석양,
당신을 향해 있던 그리움이 잠들다

소름 돋은 봄

개심사 백일홍에 물이 올랐다
소나기 같은 봄비를 맞고도
꽃잎을 벌리더니
엷은 빛깔 가지가 하수도의 이끼를 닮았다
생이 저토록 끈질긴 미련이었나
쉬이 져버릴 수도 없는 봄의 환각
낮게 제비 한 마리 날다가
처마 끝 풍경소리로 사라진다

어린 싹들 – 어느 것이든 어린 것은 그렇다
환하다가
안쓰럽다가
마침내는 무섭다

복통

배꼽 아래로 길이 하나 나있나 보다
내내 그 길 아래로 졸졸 지하수가 흐른다
밤새 배를 지구 자전방향으로 문질러주시던 할머니
새벽 치성에 잠시 한눈 판 사이
물이 넘쳐 발을 질척인다
홀로 선 길, 낯선 길에서 길을 찾는 일이란
지방 국도 위로 뛰어올라 납작해진 무당개구리 따위를
무심하게 바라보는 정도
길을 따라 걷다가 돌부리에 걸려 넘어지고서야 뒤를 돌아본다
고불고불, 울퉁불퉁허니 참 용케도 걸어왔다 싶다
미처 무릎을 털기도 전에 천둥과 함께 비바람이 몰아친다
앞뒤 가릴 새 없이 머리를 양팔로 막고 뛰다가 보니
서 있던 길에는 비를 피할 그늘막도 하나 없었구나
앗차, 배가 아프기 전엔 왜 몰랐을까.

물새 보행법

하수도가 막혔다
어제까지 흘러갔던
불은 라면, 김치찌개, 사과껍질
썩은 냄새로 울컥대는 모습이 짠하다
끝도 없이 쏟아내는 속울음에
지난 기억들이 역류한다
쓴 트림으로 삼키다 뱉은
세상의 모든 기억은
낮은 선율로 울리는 파이프 속에 잠겨
울음을 참으며 밥을 넘기는 아이처럼
참을 수 없는 토기로 올라온다
꼬챙이 몇 번 쑤시다보니
한 뼘씩 목구멍이 넓혀져
한 발 한 발
성큼 걷는 물새가 된다
잊는다, 잊는다, 잊었다,
손목이 아프다
살다보면 가끔 하늘도 무겁다
양팔을 벌려도 날기조차 힘겹다
아프게 꼬챙이로 쑤시다가 하수도가 막혔다

두 다리 사이에 얼굴 묻고
지난 기억들 사이로 성큼성큼 걸으며
오래오래 어깨를 들썩인다

진해, 그물에 걸린 태양

이제 불을 켤 시간이다
두 손 가득 미끌거리는 태양을 잡고
바다 끝으로 밀어 넣는다
있는 힘껏 짜내어 목청껏 울어버리는 석양에
앗찔, 데인 자리가 부풀어 오른다
누가 있어 날 볼까
깊은 울음 끝에 새어나오는, 바람소리 닮은 그 이름 알까
짐짓 두리번거리며 남은 설움 힘주어 삼키고
태양 잠든 바다를 모른 척 잿빛 물결로 철썩인다
행여 심해를 읽고 돌아온 뭍 위로, 기억은
자리를 찾지 못하고
몰래 접어놓은 편지를 들킬까
낮에 적다가 지워진 모래사장으로 재빨리 스민다
만선의 몸살과 텅 빈 가슴
생과 생을 가로막는 건 파도만은 아닐 것이다
간혹 뱃머리를 치는 잔물결 사이,
간신히 떠있는 지난 하루에 잠든 어선들,
이제 망을 던질 시간이다

소나기

—동창회 다음날

(사막의 아침은 머리에서 천둥이 쳤던가)
다리로 전해지는 전율은 깊이가 보이지 않는다
거친 바람과 가시지 않는 목마름으로 지하철이 비틀거리고
네 발로 기어 오아시스를 찾는 나는 마른 꽃이 된다
(저편 모래언덕에서 태양을, 사랑을 잃었던가)
뛰지 않아도 가슴이 닳은 어제가
풀풀 모래가 되어 흩날린다
종종 작고 가는 털을 가진 선인장이 가슴으로 걸어들어와
발이 묶인 채 동동거린다
(알몸으로 서서, 가시를 품고 꽃을 피우는구나)
때론 보이지 않게 천천히 바람이 움직인다
당신의 발을, 당신의 오늘자 신문을, 당신의 게으른 졸음을,
살짝 건드리고 흘러가다
지하철 통풍구의 더운 공기와 어울려
남은 오늘을 더 끈적하게 만들고 있다
기억할까, 사막에서는 스친 발소리에도 꽃이 핀다는 것을,
(더러운 취기, 개 같은 미련)
가질 수 없는 모든 아름다움은
다, 사기다

동승童僧

겨울 눈 덮인 산사 정원
넓게 두 팔 벌리고 있는 해송들
간혹 머리 위 하늘이 무거운지
두 팔을 내저으며 고개를 흔든다
어렴풋 부옇던 기억이
이제야 환해진다

너무나 오래된 얘기라 그 기억조차 가물거리는
풋내가 났던 것 같지만 짙은 곰팡내로 가득 찬
산사 풍경, 그 투명한 빛의 아이
그렁그렁 잠시 고인 눈물 같은
첫사랑은 추억의 하역下役만으로도
몇 개의 섬으로 되살아난다

지난 생을 쓰려고 작정하면 배를 뒤집는다
팔다리를 숨기는 거북이처럼,
숨 막힐수록 바닥을 드러내는 버릇이 있다
잊지 않고 흘러주는 강물처럼,
잊지 않고 살아주는 것도 방법일 것이다

한 세상이 꿈이라는 것, 굳이 얘기하진 말자.
그 아이, 느리지만 한 자씩 눌러 말하던 그 말씨가 그리워서
파리하게 깍은 머리 한번 어루만져 주고는
엄마 엄마 산사의 풍경소리,
등지고 내려오다 발길을 붙들려 돌아보는 길.
쓸데없는 것들에 관한 예찬,
여백으로 남고 싶은 사랑, 그리고
늘 천천히 걸으며 잊혀졌던 기억들과
뜻하지 않게 해후하면서도 부디 낯설지 않기.

그대, 이름 없는

걸어 들어갈수록 이 길엔 태양의 무덤이 즐비하다
공간이 박제되어 건어물로 분류되는 시간
겨우내 얼었다 녹은 황태 입 주변으로 진득한 고름이 터져 나온다
가슴 언저리를 손으로 꾹꾹 눌러 본다
온몸으로 꿈틀대는 여름내 악몽, 그 연애, 그러나
지난 시간은 지났기 때문에 빠르고 가볍게 건조된다
가슴부터 터져 나온 고름이 꽁지까지 타고 흘러내리면
이쯤에서 포장을 해도 된다
속울음이 깊을수록 생은 더 단단히 굳어진다
유통기한은 지난겨울부터 세 번의 겨울을 더해 찍는다
오래될수록 진하게 우러나오는 진국을 맛볼 수 있다지 않는가
길이 깊다, 깊을수록 지나온 길을 쉽게 잊혀지기 마련이다
서 있는 곳마다 불쑥불쑥 솟아오르는 무덤
이곳엔 고름 같은 그대를 닮은, 무덤 같은 연애를 닮은,
태양이, 길을 잃고 황태벽장 안에서 서성인다
길을 걸어 들어갈수록 점점 잊혀지는 그대,
건조된 기억은 더 이상 이름을 가지지 못한다

안개단풍

바람, 휘휘 돌아나온 길
저수지 모퉁이, 하늘 빈자리
목 긴 도요새의 푸른 깃 날갯짓으로
안개, 일제히 피어오르다
그대 밟고 간 그림자 깊이, 그 너머 깊이
지글거리는 발자국, 그대는
시간이 지날수록 더욱 선명해지는
지독하게 붉은 가을 산이다
능선을 타고 내려와
은빛 잉어 한 마리 하늘 속으로 튀어오르다
파문, 잠시 저수지 모퉁이마다
또, 안개를 기억한 자리마다
혹은, 발자국에 고인 기억마다
삽시간, 붉게 물든다
몹시도 뜨거운,
강한 현기증 같은 몸살,

춘곤증
—너, 잠이 오냐?

까치발로 종종거리던 태양의 가루들
방향을 잃고 헤매다 떨어지는 가벼운 봄날은
하루살이 떼처럼 번잡하다
겨우내 움츠렸던 목을 길게 빼고
오래도록 참았던 숨을 뱉는다
종로 파고다 공원, 볕이 잘 드는 평평한 의자
고르게 놓여있는 어항 속 거북이
팔다리를 길게 뻗어 태양을 모으는 모습은
늘 그렇듯 가늘고 짧게 지루하다
등껍질을 벗어버린 허연 몸뚱이
저 먼 이국땅으로 보내버린 봄볕을
온몸으로 흡수하려는 기지개가 서럽다
손을 뻗어 상처를 어루만지다가
때 묻은 어항이 살짝 흔들린다
흑점 폭발, 움찔하는 지구처럼
잠시 검게 아찔,하다
더 이상 뺏길 게 없는 자에겐
사소한 무엇도 거대하다
잔뜩 손톱에 힘을 주어 내민 목
끊겨버린 배식줄처럼 힘없이 늘어진다

어항에 비친 내 모습도 별거겠냐
다시 되돌아 와 눕는 한가로운 오후
그래, 나는 잠만 자라

몽타주

늦은 오후 노을, 지다
뭉크의 다리 위에서 귀를 틀어쥐는 당신
〈절규〉라고 했다, 그래, 다가올 흑백은 절망이다
누군가는 이미 당신을 지나갔고
누군가는 지금 막 당신을 향해 걸어오고 있다

슬픔은 자신에 관한 이해이며
다리 위에서 홀로 노을을 보는 것은 슬픔이다

다리의 끝, 불길한 꿈을 꾸듯 두 개의 검은 그림자
노을을 등진 그들의 얼굴은 잃을 게 없는 기억이다

당신은 다리 위에 서 있는 사람이다
기다리는 자만이 슬픔을 이해할 수 있고
귀를 틀어막고 비명을 지르고 있는 당신만이
문신처럼 선명한 사진을 찍는 사람이다

노을 진다
당신 셔터를 누른다
흑백의 세상에서 붉게, 노을, 진다

무당개구리

무섭게 질주하는 도로 위에서
배 가죽이 터져 시뻘건 피가 흥건한 무당개구리
분수처럼 흩어지고 마는 몸 안의 전율
일주일 전 교미했던 암컷의 눈빛이 생각난다
투명한 빗줄기로 온몸을 적시며
처음 지상 위로 올라오던 날
바람은 무거운 압박으로 온몸을 짓누르고
고르지 않은 콘크리트길 위에서의 두려움
그러나 버리지 않았던 건 희망
땅 위에 두 발을 디디고
이 하늘을 직시하고 싶다
이곳에 오길 잘했어
태어나고 자란 웅덩이를 버리고
따뜻한 잠자리, 배부른 밥상을 버리고
간지럽게 애무하던, 속삭이던
그것, 을 버리고
지금 뜨거운 태양 아래 체온을 느끼고 있다
내 위로 지나가는 굉음의 바퀴들 속
나 – 이곳에 오길 잘했어

고독한 연애

얼어붙은 강에는 숨소리도 고요하다
낮은 햇볕 잠시 앉았다가 제 그림자를 잃어버려
붉은 박모薄暮까지 강가를 어슬렁거린다
늦은 안개는 표 나지 않게 각자 길을 찾아 해산한다
안개를 건드리는 일은 사소하면서도 섬뜩한 것
무심한 새 떼 잠시 놀다 사라진 틈을 타
쩡, 가슴을 찢으며 몸을 비트는 강
어둠까지 휘감아 도는 바람으로 손끝까지 먹먹해진다
고백하건대
요즘도 새벽에 일어나 이를 닦으면
울컥, 목젖을 기어오르는 슬픔에 그 안개가 일곤 한다
안개를 따라 걷다가 만나게 된 고독은
텅 빈 지하실에 메아리치는 슬리퍼 끄는 소리를 닮았다
황량한 내면을 따라 흐르는, 끊이지 않는 얕은 수도
관, 계에 대한 소망이다, 그리고
돌아와 홀로 눕는 침대, 때 묻은 베갯잇
풀썩, 가슴 위로 날려 쌓이는 먼지이다
손을 뻗어 다시 그 연애,
손끝을 스치는 종잇날보다
더 쓰리게 파고드는 얕은 생채기여

강을 따라 걸어도 답답한 체기로 남은 낡은 기억으로
오늘도 하루를 흐르려다 얼어붙는다
숨소리마저 고요한 겨울 강에서
어느새 숨 쉴 수 없도록 가득 메우고 마는 안개 같은

4부

질기고도 질긴 고리

하루

아무것도 없음
자고 일어날 때, 눈 앞 혹은 손 안에는
아무것도 없음
동쪽으로, 혹은 서쪽으로 내처 달리면 언제나 바다가,
그 너머로 변함없는 태양과
발끝마다 따뜻한 산책이,
그래도 아무것도 없음
손마디 단단히 여미고 펴 올린 모래알을 따라
손바닥을 가로지른 운명선을 타고 가버린 인연과,
그 사이엔, 아무것도 없음
간혹 얼굴 하나, 잠시, 그리고 오랫동안
일상 속 있거나 없거나
마치 거미줄처럼 촘촘히 짜여진 길 위를 걸어가다가
발을 헛딛기도 하지, 더는 꿈에서 깨어나고 싶기도,
그러나 역시 오늘도
아무것도 없음
얼굴 하나, 눈을 떠도 감아도 떠나지 않는,

게르 천막에 기대어

내일
도착하게 될 몽골의 편지를 해독하기 위해
오늘 밤
당신이 쳐놓은 울타리 안으로
잠입할 예정입니다

하늘로 창이 열려져있는 게르에서 느꼈을 의로운 한기와 낮 동안 소와 양이 점령했던 초원, 그 한가운데로 떨어져 흩어지는 별, 똥, 별과 밤새 뒤척였을 어미말의 산통, 잠시 후 터져버릴 들꽃봉오리의 환희가 쓰여질, 그 편지장 속으로 이제 막 녹아 없어질 당신을 축출하기 위해,

성급하게 발을 내디딜 때마다 넘어져 무릎이 깨지고 마는 나를 향해 느린 걸음으로 기다려준 당신을 위해, 내 목에 걸려 내려가지도 빠져나오지도 못하고 내내 웅크리고 있는 당신의 밤과 동침하던, 조마조마하게 늘 불편했던 내 마지막 밤을 위해, 당신의 품에 안겨 함께 숨차했던 첫 별과 기다리고 기다리다 바래버린 내 오랜 새벽을 위해, 오늘 밤 안에 반드시 쓰여지고, 그래서 내일 소인이 찍혀질 당신을 읽기 위해,

기어코 오늘밤엔

당신의 울타리 안으로
한 발을 들여 넣을 예정입니다

고리

마침내 산등성 너머로 태양
숨어버렸거나 혹은 꺼져버렸거나
소실점을 잃은 해바라기
고개를 떨구고 잠이 드는 시간
아아, 세상의 개구리들이 일제히 입을 벌리고,
어둠 속 발아래 길은, 아득하다
아득할수록 손아귀의 힘은 더 강해지더라
벚꽃잎 흩날리는 그해 4월 선운사처럼
지독히도 뭉클했던 한때가
남은 생을 지탱할 수 있는 기억이 될 수도 있었다
아직은 젊은 나이
떨어지는 잎을 보면서 굳이 참회할 일이라곤
얕은 숨을 쉬며 걸어 다닌 정도, 그 길에서의 기억이란
동백꽃 떨어지는 소리에
몸 전체의 구멍이 귀로 변해 울리고 또 울리는,
온몸으로 울다 지쳐 돌아가는 석양의 이명耳鳴 정도이다
쉽게 지나치리라 했다
그 질기고도 질긴 고리
꽃이 피고 지는 것처럼
태양, 꺼져버렸다가 다시 켜질 것을 믿는다

얕은 숨으로 사소하게 지나치다 스친 날갯짓
날리는 꽃잎 사이 나비 한 마리 손을 뻗어 잡고는
문득, 앗차, 뒤늦은 생각
바다, 태양을 되새김질하다 잘못 쏟아낸
손톱달 아래로 별들이 총총히 박힌다
짧은 가시가 박혀 곪은 기억 정도
손톱 밑으로 꽃이 지고 피고, 아, 내가 키우던 나비가
날아간 곳은 그 메비우스의 띠가 시작되는 곳

건배
―길에 누워버린 그림자를 위해

늘 그대를 만나러가는 길은 어둠이었고 이어지는 두려움이었다, 가끔 내가 보이지 않아 발을 헛딛을 때에도, 그대는 날 위해 길을 훤히 밝혀 주었고 그때마다 길 아래 그림자 속에서는 꽃이 피었다, 그대에게 가는 길은, 그대를 기다리는 일, 그러다가 가끔은, 길을 잃을 때도 있었다,

그리고, 滿醉,

혹은, 길에 누워버리고 싶은 날이 있었다, 길 끝이 계속 길로 이어질 때 당신을 찾지 못하고 길 위에선 바람이 불고 눈이 내리고, 젖어 웅크리고 멈출 때마다 그대는 나의 발목을 놓지 않았다, 겨우내 나는, 썩는다, 나의 몸 곳곳에서 꽃이 썩는 냄새가 난다, 그대의, 그, 지독한 향기, 가는 걸음마다 숨을 조여 오는, 그대, 가끔은 내가 숨차지 않게 마중 나왔으면 한다, 길 위에 누워 있는 내 그림자 위로, 또 가끔은, 바람이 불고 비가 내리겠지만,

권태

고비사막에서 시작된 먼지바람이 고막을 틀어쥐고 태양을 가로막는다 진공상태의 일요일 오후 청계산 자락에 팔베개를 하고 잠에 취해 끄덕이는 매표원의 늙은 손부채살을 따라 실눈 뜨고 바라보는 세상 머물다 부옇게 부유하는 그곳에서 길게 누운 새끼개 곁으로 비둘기 두 마리 먹이를 훔치러 다가가고 컹, 어미개의 소리에 풀썩 날아오른, 풀썩, 먼지바람 속에서 천 년 전에 불시착한 행성의 잔해가, 고독이 떠오른다 혹은 시간에 대한 운명적인 절망, 의 오후, 뭉크가 자신의 귀를 틀어막고 절규한 이유가 들리는 일요일 오후, 였다, 더없이 권태로운 나의 자기애自己愛에 놀라, 풀썩, 비둘기처럼 날아오르는 고비사막에서의 무한한 진공 전염되다가, 다시,

안부

길이 눈부시다
인도 라자스탄 힌두여인은 화려하다
꽃과 나비들이 사람옷을 입고 걸어다닌다
남몰래 흠모했던 사내가 결혼하는 날에는
팔과 목에 그렸던 헤나가 짙어진다
세상 속에 가려진 슬픔의 색은 그다지 낯선 게 아니다
바람이 지나간 오랜 성에 핀 꽃처럼 흔하고 단조롭다
칸을 사랑했던, 그녀,
몰래 품은 연정이 들킬까 봐
생의 틈새로 두 눈이 반짝이다가 이내 고개를 숙인다
검은 사리 안으로 감춰놓은 인연
날갯짓에서 눈물이 묻어나온다
그녀의 고향 타르사막에는
지금도 그리지 못한 바람으로
또 다른 색이 만들어진다
길이 눈부시다
바람이 지나간 길을 통해
다가오는 힌두여인이여,
나는 여전히 흑백으로 안녕하다

손 아래 섬

이 책상, 어딘가 숨겨진
섬 하나
홀로 떨어져
간혹 부서진 쿠키 받아먹고
굴러다닌 펜 집어
몰래몰래 숨겨놓은 열쇠꾸러미
時와 詩 사이에 감춰놓는
조용히 숨쉬고, 때론 들키고 싶은
이를테면 사흘 밤낮으로 내린 폭설
발 꽁꽁 묶여 책상 밑 동동 구를 때
감춰놓은 비밀 살며시 꺼내어
어깨 감싸주며 세상으로 날려보낼 수 있는
자상한 그 섬
따뜻한 아랫목 찾아
배 깔고 팔 한쪽 베고
곁에 누워 있는,
당신이 가고 싶어 하던 그 섬
난 이미
그 섬에 와 있다

사모

:내가 말했었나. 당신이 혐오하던 그 물방개비는 다리는 여섯 개야.

잦은 걸음걸이
잦은 그리움
똑같은, 그러나 점점 더 짙게 혹은 연하게
번지다가 사라지는 여명 같은 거야

물 위에선 누가 울지?
더 넓게 퍼지지 못하고 맴도는 여섯 개의 파문
당신을 품은 마음이 육각형으로 번지는 거야
되풀이되는 지독한 습관 같은 거지

자, 이제 말을 해봐
뒤돌아보면 이미 사라져버리고
없어진 척 내 옆구리에 기대 앉아
없는 듯 끝없이 되살아나는, 당신은, 누구?

파문, 더 넓고 넓게 퍼져
여섯 개의 다리를 가지고도 도망칠 수 없는

물 위는, 지금,

무한반복

벌레 먹은 나뭇잎은 애틋하다
가슴 뭉클하게 손발을 저리게 한다

수직으로 하강하는 태양 아래
잎을 열어 그녀를 숨겨주었다
꿈틀대는 몸짓이 하, 어여뻐
물관을 잘라 입에 대 주었다
장마가 시작되면서 성장하는 그녀
휘청거리는 내 몸은
그녀의 먹이가 되었다

아프다
그러나 함께할 수 있는 시간들,

오, 제기랄

그녀는 날 버리고 날아가는군

사진 1
: 1969년 7월 20일 오후 1시 17분 40초

첫 번째도, 많은 시간이 흘렀습니다. 그만큼 당신과 나 사이에서 태양이 수없이 사라졌다가 다시 떠오르기를 반복했다는 뜻입니다. 어젠 당신이 왜 날 떠났는지 따위의 이유는 더 이상 궁금하지 않다는 생각이 들었습니다. 식탁 밑에서 박자를 맞추듯 다리를 흔들던 당신이, 나를 떠나 나를 닮은 우주선을 타고 드디어 나와 같은 달 근처를 배회하고 있다는 소식은 당연했습니다. 부재에 대한 그 뚜렷한 이유가 궁금하거나 함께했던 시간에 대한 당위성마저 이미 사라진 지 오래란 생각도 했습니다. 어제 문득. 단지, 지금 당신이 떠오르는 것은 지난 내 기억을 되새기며 통조림을 분류하기 위해서입니다. 내 기억의 나이테는 당신이라는 한 곳의 정점을 향하여 회오리치고, 당신은 태양과 달 사이에서 나와 당신의 거리를 잽니다. 기억이나 거리는 잘 정리되어 통조림에 담겨진 채로 이제 창고 한 귀퉁이를 차지할 시간입니다. 잠시 웃음을 흘려도 그때처럼 저린 가슴을 갖진 않을 것입니다.

잠깐 갓 딴 통조림에서 울렁거리는 냄새만큼만, 먹먹해지는 정도.

두 번째도, 머리만 남은 〈라프〉가 배신자 〈태양〉을 막

삼키다 뱉은 시간입니다.* 당신은 TV 속에서 달의 표면에 입을 맞추고 웃습니다. 사실 달의 표면이 아닌 당신의 머리를 감싼 헬멧의 안쪽에 입을 맞춘 행동입니다. 라프조차 이가 시리다며 뱉어버린 얼음장 같은 달을, 당신은 사랑하는 것처럼 꾸미고 있습니다. 당신의 귀여운 거짓말 정도. 더는 난 당신의 그 모든 행동을 사랑할 수 있는 것처럼 웃습니다. 우리는 참 많은 점이 닮았습니다. 그걸 인정하기란 그리 어렵지는 않습니다. 기억의 통조림을 다시 따서 울렁거리는 냄새를 오래오래 맡는 일은 끝없는 우주를 걷는 것과 같습니다. 당신이 날 향해 웃습니다.

그런 당신을 오래 오래, 사랑할 것을 믿습니다.

세 번째도, 그리고 마지막까지, 당신과 나의 시간만 있습니다. 당신은 일생을 다해 기다려도 펄럭이지 않을 깃발을 달에 꽂고 사진을 찍습니다. 지금 이 순간을 영원히 간직할 수 있다는 염원의 필름을 사용하겠지요. 사진은 통조림 뚜껑에 찍힌 날짜와 같습니다. 지워지지 않는 기억으로 영원히 남는 것

*하고 싶은 말이 더 있다는 뜻입니다.

이지요. 영원이라는 말이 존재한다면 말입니다. 전 그 사진을 나무액자에 넣고 창고 한 귀퉁이, 당신의 통조림 위에 걸어놓았습니다. 엽편의 순간이 영원으로 지속되기를 소망합니다. 당신의 전원을 누릅니다. 그리고, 암전.

사진 2
: 라프의 슬픈 운명에 대해

어느 날, 불사의 음료인 암리타를 만들기 위해 지상의 모든 신들은 만다라 산 아래로 모여든다. 신은 영원해야 한다. 그들의 영원성을 위해 만다라 산을 뽑아 대해를 휘젓는다. 그러자 대해에서 태양과 달, 암살라 등의 여러 신들이 튀어나왔고, 최후에는 암리타가 완성된다. 예상했다시피 여기서 암리타는 상징이다. 이 음료를 놓고 신들은 영원한 안식인 죽음과 맞바꾸는 의식을 치르게 되는데, 이때, 마족인 라프가 신으로 변장해 숨어있는 것을 태양과 달은 발견하게 된다. 비슈누, 저 건 신이 아니야. 분노한 비슈누는 막 암리타를 마시는 라프를 향해 칼을 던졌고, 정확히 몸과 머리는 두 개로 갈라지게 된다. 목이 잘린 라프는 암리타를 마신 머리만 살아 영생을 얻게 되는데, 죽어버린 몸과 영원히 사는 머리. 너에 대한 강한 부정이다. 불사의 상태가 된 라프의 머리는 영원히 태양과 달을 저주하게 된다. 내 것이 될 수 없다면 삼켜버렷! 태양은 너무 뜨거워서, 달은 너무 차가워서 라프는 그들을 입에 물었다 뱉고 다시 물었다 뱉기를 반복하게 된다. 지상에서는 지나치게 아름다운 이름, 일식과 월식이라 부르는 저 영원한 파멸의 반복을 바라보며 그대와 내가 사랑을 속삭였다는 것을, 기억한다. 당신은 달을 정복했고, 난 당신이 있는 TV까지 먹어버릴 수 있는 사랑을 가졌다. 알까? 라프보다 조금 더 진보된 사랑의 형태이다. 그리고 라프와 같이 당신을 사랑하는 난, 당신을 삼킨, 머리로만 불사의 생을 사는 것이다.

2인용 식탁

1.
가장 명확하게 인간의 심리상태를 잡다
원초적 상태에서 "쌍생"이라는 것
의식과 무의식, 나와 당신, 이라는 정도
함께 있어야 함께 생성될 수 있는 것
무의식이란 억압된 의식이 아니며,

단지, 제1의 본성 혹은 제2의 관성 정도

2.
무의식 속에서 싸우는 소리를 듣는다
누가 이기든, 지든 꿈속을 해매는 자者는
상관없다, 내가 아니므로,
취한 내가 당신을 찾는 밤은 나의 밤이 아니다
밤의 휴식은 본능이 지배하는 은밀한 내면과의 만남
낮의 몽상은 의식 저층에서 꿈틀대던 조작된 몽정
당신에게 난 휴식이거나 몽상인 적은 있는가
그러나, 허옇게 번지다 붉게 사라지는 태양의 하루만큼이나
쌍생이라는, 양성의 힘이라는, 몽상과 휴식이라는

허나 함께 존재할 수 없는 것도 있음을 알아야 한다
떠도는 권태와 온몸에서 일어나는 각질처럼
지겨운 모니터 먼지와 우주의 고독처럼
그러므로
오늘도 당신을 품고 꿈을 꾸며 밥을 먹는다

5부

그리고, 뜻밖의,

편지

조각난 시간을 모아 그대에게 가느라

언제나, 내 목숨은 마른 물고기처럼 숨을 헐떡입니다

잠시 서서 바라봄을 기대하면서

서둘러 돌아 나오는 길

미처 다하지 못한 인사를 보냅니다

잠시 스친 손등이 차갑더군요

추운 겨울날 맨발로 나와 서 있지 마세요

| 해설 |

네 기억의 살갗을 문지르는 욕망의 언어
–임수경, 『문신, 사랑』

한원균(문학평론가 · 충주대 교수)

시는 사라진 시간과 기억의 흔적이다. 시를 생각하거나 시에 대한 이야기를 할 때면 종종 떠오르는 그림이 있다. 침침한 조명 아래 싸구려 물고기 수족관이 있고, 모조 가죽으로 씌워진 노란색 소파가 놓인 다방의 풍경. 챠이코프스키의 〈안단테 칸테빌라〉, 거쉬인의 〈랩소디 인 블루〉를 자주 들었으며, 수업을 빼먹은 동료 몇몇이 아예 가방을 던져두고 다방 문을 들락거리는 모습이 보였고, 청자를 피웠으며, 누군가 막걸리 한 잔 하자는 제의를 해오지 않을까 눈치를 보기도 했던 시간. 그때 우리는 가능한 깊숙이 소파에 몸을 묻은 채 시를 읽었고, 그런 자신의 모습이 그다지 절망적이지 않다고 위로했으며, 시를 쓰기보다는 시인이 되어보는 연습이 중요하다는 풍문을 확인하기 위해 낮부터 술 마시는 법을 익혔다. 시는 기억이고, 열정이었고, 추억이라 명명되는 시간의 재생음반이었다.

그런데 마른 먼지 뽀얗게 날리며 산모퉁이를 돌아나가던 시외버스의 뒤꽁무니를 망연히 바라보던 기억만큼이나 시를 둘러싼 시간들은 멀리 있다. 너무 멀리 와버려서 시가 언제 우리 곁에 존재했었는지조차 모를 일이 되어버린 느낌. 시 읽기가 힘겨운 요즘, 한 편의 시로서 이런 기억을 반추하게 한다는 일 자체로도 의미있는 일이라고 생각할 수밖에. 그런데 기억의 존재론, 기억하는 일의 아름다움에 다시 주목한 작품이 있다. 기억의 지층에서 시가 살아있다는 점을 최근 임수경이 보여주고 있다.

임수경의 첫 시집 『문신, 사랑』은 사랑의 체험과 기억, 혹은 그와 관련되거나 내재된 수많은 언어들의 흔적으로 가득하다. 그녀의 언어는 오래된 사랑의 그림자 주변을 거닐거나 시간의 그늘 속에서 고독하게 자신을 응시한다. 지나가버린 사랑, 혹은 대상은 현재 그녀가 '기억하는' 자리에서 지속적으로 언표화 된다. 기억하는 일은, 기억 자체의 씨니피앙으로 시집 도처에서 발견된다. 무엇을 기억하는가의 문제보다는 기억으로 인해 삶은, 현실의 맥락 속으로 확장과 재생산이 가능한 것처럼 보인다. '그' 와 관련된 감정과 의식, 함께한 시간들이 언어의 육체성을 이루고 있다. R, 바르트 식으로 말하자면 그녀에게 (기억의) '언어는 살갗이다' . '그 사람' 을 그녀의 언어로 문지르는 것. 바르트가 말했던 것처럼, 마치 손가락 대신에 말이란

걸 갖고 있다는 듯이, 그녀의 언어는 욕망으로 전율한다. 이 두 근거림은 '그를 욕망하는 나', '내 언어는 너를 욕망한다'는 진술로 모아지거나, 혹은 그 사람을 내 말 속에 둘둘 말아 어루만지고, 애무하며, 이 만짐을 얘기하고, 관계에 대한 논평을 지속하고자 온 힘을 기울인다. 하지만 중요한 것은 이러한 욕망은 기억이라는 매개 속에서만 존재하는, 차단된 욕망이라는 점이다. 어긋난 시선과 잘려나간 욕망 사이에서 그녀는 늘 길 위에 존재한다. 길 위에 서 있는 자신을 발견하는 일, 그것이 욕망의 균열과 갈라짐 사이에서 피어나는 시적 아우라를 형성한다.

오랜 시간을 항해하다가 돌아왔다, 고
당신에게 속삭였어
굳이 오래 걸릴 필요가 없었는데
어제부터 바람의 방향이 바뀌어서
등 뒤로 흘러가 다시 담기가 힘들더군
초저녁부터 바람 끝으로 비가 내리기 시작했고
외로운 것들이 서로 부둥켜안고 우는 통에
바람은 서둘러 귀를 막았고, 길은 어리석게도 갈 길을 잃었지,
난 건넜어야 했던 바다를 두고 내내 더듬거리게 되었어
내 짐을 정리해주는 당신의 손은 기억만으로도 따뜻해
굳이 오래 걸릴 필요가 없었는데
기억의 부스러기들을 허공처럼 등에 지고
돌아오는 길 위로 어제부터 장마가 시작되었어

처마 밑에서 잠시 서 있었을 뿐인데
몸 위로 거미줄이 쳐지고 길은, 멀게, 아득해지더군
거미줄에 맺혔다가 스르륵 타고 떨어지는 빗방울,
막아내는 것보다 젖는 것이 더 두려웠다면, 당신이 웃을까
너무 오래 헤맸어, 돌아누운 당신의 젖은 등으로
세상을 퍼덕이던 또 하나의 하루가 감춰지고
난 당신의 손을 끌고 밖으로 나가 비를 맞았지
보여? 그 옛날 흙으로 빚었다는 바짝 마른 몸이 쩍쩍 갈라지는 게
손바닥이, 발바닥이, 눈꺼풀 아래가
단단하게 굳어진 몸에서 삐죽이 싹이 피어오르기 시작하고 있어
당신이, 세상이 녹아 흘러내리며 바다가 되는군
바다, 그 오랜 시간을 항해하던 그 바다 말이야
그러므로, 치명적인 오늘 나는, 여전히 길게
당신의 시간을 되새김질하는 중이야

—「치명적인 어제」

이 작품에서 중요한 것은 이미지들의 변화와 흐름이다. 시인은 오랜 시간을 항해하다 돌아온다. 그 항해는 자주, 놓쳐버린 바람의 방향처럼 힘겹다. 바람은 다시 비를 불러오고, 길은 길을 잃고 만다. 바다를 다 건너지 못해 방황하고, 기억 속에서 〈당신의 손〉을 떠올린다. 비는 이제 장마로 확대되고 길은 더욱 아득해지고 만다. 세상에서 젖는 것이 더 두려운 일이라고 생

각하면서 시인은 기억 속에서 〈당신의 손을 끌고 밖으로 나가 비를 맞〉는다. 여전히 시인은 〈당신이, 세상이 녹아 흘러내리며 바다가 되는〉 곳을 〈치명적인 오늘〉의 시간이라 여기며 〈당신의 시간을 되새김질하는 중이〉다. 항해(또는 행성), 바다, 바람, 길, 비, 젖는 일(혹은 물), 시간 등은 임수경 시의 공간 내에서 기억의 프리즘을 통해 분사된 이미지들이다. 시인은 이미 〈존재는 없지만 기억은 점점 더 길어질 것이다〉(「멸종」)라고 선언하고 있다. 이와 같은 언급은,

> 나는 낙타다.
> 나는 전생을 거쳐 사람 사이를
> 횡단 중이다. 그리고 이것은
> 당신, 의 **기억**이다
>
> —「자서」

> 그대, 내 **기억** 중층 하단에서 두 번째
> 단면 화석으로 남아
>
> —「불면증」(이하 강조는 인용자)

> 그 슬픈 **기억**으로 다시 시작된 오늘, 황사
>
> —「황사프리즘」

> 저 영원한 파멸의 반복을 바라보며 그대와 내가 사랑을 속삭였다는 것을, **기억**한다.
>
> —「사진 2」

강을 따라 걸어도 답답한 체기로 향남은 낡은 **기억**으로

—「고독한 연애」

처럼, 당신, 혹은 그에 대한 기억으로 수렴된다. 지나가버린 사랑에 대한 추억이 시집의 전면에서 담론화되고 있지만, 문제의 본질은 그녀의 기억행위가 과거의 시간 속에 존재하는 그 혹은 당신에 대한 연민이 아니라, 현재의 삶에 대한 존재론적 불안에서 비롯되었을 가능성이 매우 크다는 점이다. 다시 말해 그녀에게 주어진 삶의, 일상의 시간은 늘 비에 젖어있거나 '길 위에서 길을 잃는' 형국으로 그려진다. 그녀에게는 〈자궁길을 따라 나온 세상의 모든 길에선 비가 내리〉(「어머니는 외출 중」)기 때문이다. 그것은 부재이거나, 단절이거나, 혹은 고독과 외로움의 징후를 보여주는 장치로 읽힌다.

배꼽 아래로 길이 하나 나있나 보다
내내 그 길 아래로 졸졸 지하수가 흐른다
밤새 배를 지구 자전방향으로 문질러주시던 할머니
새벽 치성에 잠시 한눈 판 사이
물이 넘쳐 발을 질척인다
홀로 선 길, 낯선 길에서 길을 찾는 일이란
지방 국도 위로 뛰어올라 납작해진 무당개구리 따위를
무심하게 바라보는 정도
길을 따라 걷다가 돌부리에 걸려 넘어지고서야 뒤를 돌아본다

고불고불, 울퉁불퉁허니 참 용케도 걸어왔다 싶다
미처 무릎을 털기도 전에 천둥과 함께 비바람이 몰아친다
앞뒤 가릴새 없이 머리를 양 팔로 막고 뛰다가 보니
서 있던 길에는 비를 피할 그늘막도 하나 없었구나
앗차, 배가 아프기 전엔 왜 몰랐을까.

—「복통」

그녀에게 길 위에서 젖어가는 존재, 무당개구리는 자신의 현존성을 우화적으로 투사한 대상이다. 시끄러운 이 세상에서, 혹은 〈내 위로 지나가는 굉음의 바퀴들 속〉(「무당개구리」)에서, 그래도 〈이곳에 오길 잘했어〉라고 스스로를 위안하는 모습은 과거의 시간을 '기억' 하고 있는 자신과 병행되는 이미지이다. 그것은 불안하고 위태로운 실존으로부터 배태된 자의식이다. 사랑을 잃었다는 사실은 모든 '부재의 담론' 을 형성하는 근원이다. 다시 바르트식으로 말하자면, 모든 글쓰기는 '사랑의 감정을 표현하려는 욕망이 야기하는 속임수, 갈등, 막다른 길' 이기 때문이다. 하지만 그녀의 이와 같은 상실감의 근원, 〈부재에 대한 그 뚜렷한 이유〉에는 〈기억의 통조림〉에 내재된 〈울렁거리는 냄새〉(「사진 1」)로 자리한 어머니에 대한 기억이 존재하기 때문이다. 구체적인 사실관계를 확인할 수는 없지만 그것은 〈암전〉된 기억, 상처로 남아있다.

이러한 상실감과 부재의식은 삶을 이해하는 독특한 개안으로 이어진다. 그것은 세상과 소통하기 어려운 절대적 고립감과 유폐적 자의식, 즉 '거울에 비추어진 나' 가 아니라 '거울 속의

나' 라는 진술로 상징화된 자신의 절대적 타자화를 통한 그로테스크한 인식론으로 나타난다. 가령,

> 언제부터였을까,
> 거울의 여자는 다리가 없었다
> 몸뚱이만 둥둥 떠서
> 언제나 그곳에 붙박이로 서 있었다
> (……)
> 귀를 틀어막으면 거울 가득 여자는 증발했다. 다시 서 있다
> (……)
> 오, 나의 그림자여
> 절대로 나는 나를 사랑하지 않는다
>
> ―「거울에 사는 여자」

와 같은 선언에서 그녀는 스스로 세상의 삶과 자신을 유리시키거나 차단된 상태로 몰아간다. 물론 거울의 공간에서, 즉 자신이 설정한 유폐적 공간에서 〈사과를 한 입 베어 무는 순간, 넌 시인이 되는 거야〉(「거울에 사는 여자 2」)라고 위안하고 있지만, 좀 더 본질적인 것은 거울 속에서 그녀는 좀 더 치명적인 고독과 만난다는 점이다. 그것은 〈은밀한 부분에서 근질거리는 열병〉에 뒤척이거나 〈끝없이 이어지는 자위 속에서/되태어났다 죽어버리는 그대〉(「불면증」)를 생각하거나, 혹은 〈두 다리 사이에 얼굴 묻고/오래오래 어깨를 들썩〉(「물새 보행법」)이거나 〈텅 빈 지하실에 메아리치는 슬리퍼 끄는 소리〉를 듣거나 〈

황량한 내면을 따라 흐르는, 끊이지 않는 얕은 수도/관, 계에 대한 소망〉(「고독한 연애」)으로 아파하는 일이다. 결국 그녀의 거울은 자신의 삶의 현실과 같은 공간이 된 셈이다.

이같은 고독과 불안감을 견디는 방법으로 그녀가 선택한 행위는 '잠'이다. 〈불이 들어오지 않는 방에서 모로 누워 잠〉(「물의 나라」)에 들거나 〈옷 벗고 뿌리째 쓰러져 낮잠을〉(「버스 142번, 종점」) 자거나 〈그래, 나는 잠만 자라〉(「춘곤증」)고 선언하는 일이 그것이다. 잠은 불안과 고통, 부재와 상실감으로부터 자신을 지키는 유일한 일인데, 잠이 현실적 상황을 이겨내려는 소극적 자기방어라면 여기에 시인은 좀 더 적극적인 언어적 메카니즘을 만들어 낸다. 그것은 메마르고 건조한 기억, 단절과 차단의 시간을 화해와 생산의 공간으로 전환하고자 하는 의지로서 '물' 혹은 '바다'의 상징성이다. 물속에서 그녀는 과거의 시간을 유추할 수 있고, 비 내리는 현재에서도 젖은 몸의 기억으로 되돌아갈 수 있다. 그것이 불안한 현재를 견디면서 과거를 기억하는 시인이 도달한 자기세계 구축 방법이다. 여기서 그는 새로운 삶을 준비한다.

태초에 말씀이, 인간이, 어둠이, 비가 내리는 방이, 그리고
있었다, 젖은 청바지를 한 슬픈 그림자
벽마다 하늘을 닮은 누런 물곰팡이가 있었다
밤새 스멀스멀 피어오른 지리한 슬픔의 끝자락
기억마저 가물한 당신마냥 뿌옇게 차지한 틈새
이제 막,

나, 멸종되다

(……)

기억도 길면 지루하다

―「멸종」

멸종된 자기의식으로부터 그녀는 새롭게 태어나는 계기를 마련한다. 오래된 기억으로부터 그녀가 빠져나올 수 있다는 점은 보여준 것인데, 이로부터 시인이 탄생한 것이다. 〈존재는 없지만 기억은 점점 더 길어질 것이다〉라고 한 선언으로부터 이제 〈내가 빠져나갔다 이 후각 같은, 변기 속 콧구멍 같은 사랑이여〉(「시인탄생」)라고 그녀는 말하고 있지 않는가.

임수경의 첫 시집 『문신, 사랑』은 사랑의 부재에 대한 기억의 담론이면서 기억 자체가 시적 자기 재생산의 기제로 작용하고 있음을 잘 보여주고 있다. 그것은 고립되고 갇힌 존재로서의 현실적 자아가 선택한 고독한 몽상이었지만 물의 상상력과 잠의 상징성을 통해 자기 자신과 세계의 화해를 구하고자 하는 의지로 전환되기도 하였다. 치명적인 사랑이 만들어 놓은 기억의 지층이 뿌리째 썩어 들어가 오랜 시간 발효되면서 시적 수원水原을 형성할 수 있었다는 점에서 그녀의 시는 깊은 공감을 형성할 수 있었다. 하지만 자기의식의 내밀한 곳에서 자신도 모르게 덧나고 있는 갈망들, 영혼과 육체, 일상과 혼돈의 조화에 대한 욕망을 좀 더 치열하게 언어화하지 못한 아쉬움이 전혀 없는 것은 아니다. 그러나 이제 겨우 첫 번째 시집일 뿐이다. 이제 그녀는 겨우 첫 발을 내디딘 것이다. 무엇인가 잘 될 것이라는 예감이 든다. 그녀의 말대로 〈캐세라세라〉(「시인탄생」)!